LA CHASSE

AUX

PALOMBES

PAR

MESSIRE HENRY D'ANDICHON

CURÉ ARCHIPRÊTRE DE LEMBEYE

XVIIIᵉ SIÈCLE

PAU

LÉON RIBAUT, LIBRAIRE-ÉDITEUR

M DCCC LXXV

LA CHASSE

PALOMBES

LA CHASSE

AUX

PALOMBES

PAR

MESSIRE HENRY D'ANDICHON

CURÉ ARCHIPRÊTRE DE LEMBEYE

XVIIIᵉ SIÈCLE

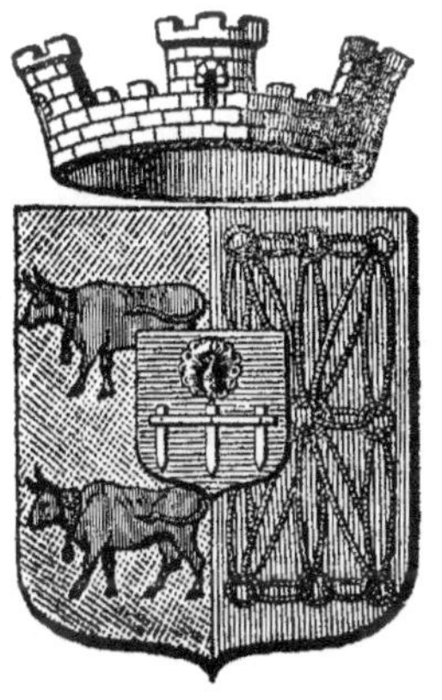

PAU

LÉON RIBAUT, LIBRAIRE-ÉDITEUR

M DCCC LXXV

NOTICE

Messire Henry d'Andichon fut, comme Nemrod, un grand chasseur devant l'Eternel. Il chassait dès ses plus jeunes années, et, quand il fut entré dans les ordres et chargé du saint ministère, il ne cessa point de se livrer à cet exercice, pour ses passe-temps et les délices de sa table.

Vers 1750, il voulut établir près de Lembeye tout un attirail de son invention, pour faire la chasse aux palombes. On avait cru jusqu'alors que l'installation de ce qui est nécessaire pour prendre des oiseaux de cette espèce, ne pouvait être utile que près des montagnes, sur des hauteurs particulièrement propices.

> *Socrate un jour faisant bâtir,*
> *Chacun censuroit son ouvrage.*

La critique ne devait donc pas rester muette sur le projet formé par Henry d'Andichon. L'envie s'en donna à cœur joie, et Dieu sait de quelles railleries, de quelles médisances fut assailli l'intrépide chasseur, lorsqu'on le vit redoubler d'efforts pour réaliser son entreprise. Notre curé n'était pas homme à reculer ; il se piqua au jeu ; des paris furent engagés, ce n'est pas le côté le moins plaisant de cette histoire. Finalement, il réussit... et c'est alors qu'il célébra son « triomphe », en composant ce qu'il n'hésita pas à décorer du nom de Poème, bien qu'il ne se fît, il faut le reconnaître, aucune illusion sur le mérite de ses rimes.

D'après un manuscrit, le Poème *de la* Chasse aux Palombes *aurait été imprimé en 1753. Si, réellement, cette impression a eu lieu, on est à peu près assuré que, depuis longtemps, il n'en existe plus d'exemplaire. On n'a pu du moins en retrouver aucun, quelque soin que des bibliophiles aient mis à faire des recherches dans ce but. On pense donc que l'édition d'aujourd'hui doit être considérée comme une nouveauté. Peut-être, à d'autres titres, piquera-t-elle la curiosité des lecteurs.*

La Chasse aux Palombes *ne fut pas l'œuvre unique de Messire Henry d'Andichon. Il a laissé de plus un recueil de Noëls dont plusieurs sont encore très-populaires. Ce recueil, où la piété s'allie à la plus joyeuse humeur, est intitulé :* NOELS CHOISIS, corrigés, augmentés et nouvellement composés sur les Airs les plus agréables, les plus connus et les plus en vogue dans la province de Béarn, par Noble HENRY D'ANDICHON, ci-devant curé d'Aucamville, diocèse de Toulouse, actuellement archiprêtre de Lembege, diocèse de Lescaar, prieur de Saint-Martin de Maucourt, diocèse d'Agen.

A ces renseignements, il faut ajouter que notre archiprêtre de Lembeye fut aussi abbé laïque d'Artigueloutan et de Montaner. Le 11 avril 1769, les États de Béarn le reçurent dans l'ordre de la noblesse, pour le fief de la domenjadure d'Assat. C'était un prêtre renté ; on verra bientôt comment il employait ses rentes, pour la satisfaction de ses plaisirs, qui ne furent coupables qu'à l'égard des ortolans et des palombes.

> *En homme généreux, il fit rouler l'argent,*
> *Pour réjouir le riche et nourrir l'indigent.*

Lui-même, bien entendu, avait une place marquée parmi les indigents que le produit de sa chasse servait à entretenir.

Messire Henry d'Andichon, né en 1712, mourut à Lembeye le 21 mai 1777, et fut inhumé, le lendemain, dans le cimetière, au pied de la croix.

Il avait écrit dans la préface des Noëls : « Qu'on estime mon ouvrage ce qu'il vaut, et rien au-delà ». On le prend au mot pour ce qui concerne la Chasse aux Palombes. Il y a dans ce tableau animé plus de facilité que de correction, plus de verve que de style ; il n'est pas dans toutes ses parties d'un goût irréprochable ; mais il ne manque point d'attrait, parce qu'il montre l'auteur tel qu'il fut : ardent à la chasse, charmant d'humeur, franc de caractère, plein d'esprit, florissant d'embonpoint, homme excellent, et, dans la meilleure acception, aimable original.

C.-E. V. T.

LA CHASSE AUX PALOMBES

Noms et qualités des acteurs.

Je les nomme, ici et dans mes vers, comme ils sont placés sur les deux collines en venant comme les bisets du nord au midi. Je commence par la colline qui se trouve du côté de l'occident.

Mardi-Gras est un fantôme qu'on avait fait pour représenter Mardi-Gras le jour de sa fête. Il est placé sur un arbre avec un étendard à la main ; il détourne parfaitement les bisets avec le secours du suivant.

Couré, cadet, de Saint-Pé, est placé à deux cents pas de *Mardi-Gras* et donne du secours à celui-ci pour remuer son étendard. Il a la vue excellente ; lorsqu'il voit des bisets, il avertit les autres acteurs de leur faire un funeste accueil. C'est la clef de la meute.

Berdéu, d'Asson, camarade de Lestelat, est un bon acteur qui sait bien battre les bisets.

Bassettou, de Lembeye, est un enfant de chœur réformé depuis six ans, bon chantre, bon tailleur, et bon chasseur, quoique novice.

Couré, fils ainé, est un excellent acteur ; il joue bien des instruments et joue mieux son rôle sur son trépied.

Castagnou, de Lembeye, est un enfant de chœur ; placé sur un piquet qui a quatre-vingts pans de hauteur, il joint à sa hardiesse de belles dispositions pour la chasse.

Balet, de Lembeye, monte sur une perche qui a près de cent pans de hauteur, avec de petites chevilles de fer qu'il met dans des trous en même temps qu'il monte, et il monterait ainsi jusqu'au ciel, s'il trouvait toujours des chevilles.

Ténot, de Lembeye, est un enfant de chœur et un chatard (1) à pied, qui détourne les bisets et les contraint de voler entre les deux collines pour aboutir au filet.

Couré, père, est un excellent acteur, qui a trente-cinq ans d'expérience, et qui sait tellement manier les bisets qu'il les mène où il veut.

Blanchou, de Bruges, a quarante années d'expérience ; ses exploits répondent parfaitement à son antiquité.

Lestelat, d'Asson, est le premier que je me suis procuré, à cause de sa grande réputation. Placé au milieu de ma chasse, il bat les bisets des deux mains et les jette sous les trois filets qui sont à la droite, avec le secours de *Blanchou,* ou sous les quatre qui sont à la gauche, avec le secours de *Couré,* fils aîné.

Noms et qualités des Marionnettes.

Polichinelle, placé sur un trône de soixante pans de hauteur, déplaît aux bisets par sa physionomie bizarre ; en s'éloignant de lui, ils s'approchent de moi.

Roselle, qui danse sur une corde de la même hauteur, reçoit les bisets avec de profondes révérences. Ces sauvages, indignés de ses civilités outrées, pour éviter sa rencontre, font un demi-tour à gauche et viennent au filet.

Jacqueline, tenant un petit drapeau à la main, intimide les bisets par ce signe de guerre et leur indique la route qu'ils doivent tenir pour être faits prisonniers.

Légère, avec des ailes véritables, quoique postiches, d'un vol rapide et effrayant, détourne, abat et poursuit les bisets qui ne sont point obéissants aux ordres de *Jacqueline.*

POÈME

Dix hommes, neuf trépieds, quatre marionnettes,
Des cordages sans fin, grand nombre de raquettes,
Un fantôme effrayant, dix cages, sept filets,
Voilà mon attirail pour prendre des bisets ;
Et, puisque le succès répond à mon système,
Je veux m'en applaudir et me chanter moi-même.

Quand le premier chatard fait entendre sa voix,
Que ne puis-je goûter tous les plaisirs des rois,
Afin de décider si le mien les surpasse,
Ou si l'on peut goûter du plaisir qu'à ma chasse.
J'aperçois d'assez loin un nombre de bisets
Qui semblent, à dessein, rechercher mes filets ;
A ce coup d'œil charmant, mon cœur s'ouvre à la joie,
Je comprends que bientôt je vais saisir ma proie.
Ces timides oiseaux, très-élevés dans l'air,
Vont se précipiter plus vite qu'un éclair ;
Abattus, poursuivis à grands coups de raquettes,
Ils forment en tombant les plus douces tempêtes ;
Je lâche mes filets, je les rends tous captifs ;
Peut-on imaginer quelques plaisirs plus vifs !
On les met dans un sac, on en remplit les poches.
Il en vient beaucoup plus, on crie à leurs approches :

O ciel, que de bisets ! Courez.., et cachez-vous !
Ils prennent bien leur route, on peut les prendre tous ;
Relevez les filets, rendez-nous nos raquettes,
Cent oiseaux dans l'instant vont fondre sur vos têtes !
En effet, mon plaisir, loin de se terminer,
Par de nouveaux succès ne fait que commencer ;
J'arrête ces bisets ; sortant de ma cabane,
Je vois que j'en ai pris pour en charger un âne.
Quel est donc mon plaisir !... Mais, encore une fois,
Quel plaisir plus sensible eut le plus grand des rois ?
Il ne me manque plus, pour me mettre en extase,
Que de pouvoir donner des ailes à Pégase,
Quoiqu'il soit un peu rosse, en lui donnant des deux.

Sur mon plus haut trépied (parlant de mon fameux),
J'irai me reposer sur ce trône de guerre,
Je serai des bisets la terreur, le tonnerre ;
Le plaisir de les battre est, je crois, bien plus grand,
Que de les retirer du piége qu'on leur tend.
Mais, quand je veux monter sur cette tour tremblante,
Le ciel trop près de moi, la terre trop distante,
Me font trembler, frémir ; quoiqu'élevé bien haut,
Je recule et descends pour ne pas faire un saut ;
Je ne suis point d'avis, par trop de sympathie
Pour ce genre d'oiseaux, d'aller risquer ma vie.
D'un périlleux plaisir craignant l'ambition,
D'abattre sept filets je fais la fonction.

Quand je formai mon plan, on ne voyait qu'obstacles ;
Maintenant on s'écrie : Oh ! prodige ! oh ! miracles !
Oh ! chasse sans pareille ! oh ! belle invention,
De peupler de bisets la haute région,
Dans leur centre de front leur déclarer la guerre,
Les attaquer dans l'air, les jeter sur la terre,

S'opposer à leur vol, et sans voler comme eux !
Est-il rien de plus beau, rien de plus merveilleux !
Comme, sans Romulus, on n'eût pas bâti Rome,
On n'eût pas pris, sans moi, ni biset ni palomme.
Contre un heureux succès le peuple prévenu
Me paraît si frappé d'un spectacle inconnu,
Que, voyant chaque jour ce qu'à peine il peut croire,
Je crains qu'il l'attribue à la magie noire.

Le silence jamais ne peut m'être fatal,
Et souvent un grand bruit peut me faire un grand mal.
Cependant, quelque jour, s'il n'est point de passage,
Un acteur montagnard fait un joli tapage.
Le long de son trépied, dans un petit bosquet,
Chacun peut danser, rire et faire du caquet.
Par un effet plaisant du goût le plus fantasque,
On entend et la flûte et le tambourin basque.
Jamais sur un trépied vit-on tel instrument !
Pour les dames surtout, que l'endroit est charmant
Mais pendant qu'à tel son on cherche la cadence,
Qu'à peine on a goûté cette réjouissance,
Le plus jeune *Couré, Berdéu* et *Bassetton*
Crient qu'il faut finir cet agréable son,
Pour voir, pour admirer, sans tambourin ni flûte,
D'une troupe d'oiseaux la cadence et la chute.
Ils viennent, on les voit… Pour leur jouer le tour,
Couré quitte d'abord sa flûte et son tambour ;
Tout courage et tout zèle, armé de sa raquette,
Il va lancer sur eux sa foudre déjà prête.
Cet acteur tout-à-coup finissant de siffler,
D'un espoir gracieux commence à nous enfler ;
Bon prophète en ce point, il prédit la capture ;
Les oiseaux, à leur tour, dansent sur la verdure.
Du côté du levant, le jeune *Castagnou,*
Balet, Tenot, Couré, le vieux routier *Blanchou,*

Travaillent de concert, sur une autre colline,
A remplir de bisets mon sac et ma cuisine.
Le signal est donné : le fameux *Lestelat*
Les reçoit, les poursuit, les force et les abat ;
Il crie, en terminant leur funeste carrière :
Vive, vive l'auteur de cette palommière !

Mes parents, mes amis, ont perdu leur latin
A vouloir renverser mon glorieux dessein.
Chacun d'eux m'exhortait d'en faire un sacrifice ;
L'un disait : C'est un fou ! L'autre : O ciel, quel caprice !
L'étranger, se moquant de mon invention,
S'écriait, en riant : — Quelle prévention !
Un dernier me disait : — Regardez-vous vous-même,
Condamnez sans délai cette folie extrême,
Épargnez votre argent, épargnez votre honneur ;
D'un dessein si léger ne soyez point l'auteur ;
La chasse réussit le long de la montagne,
On n'y perd jamais rien, et toujours on y gagne ;
Mais, ici, dussiez-vous chasser jusqu'au trépas,
Vous verrez des bisets et vous n'en prendrez pas ;
Le Gave et les ruisseaux monteront vers leur source,
Si ce vide projet ne vide votre bourse ;
Et, pour avoir chassé sans prendre un seul biset,
Vous serez du public la fable et le jouet....

Lorsqu'ils croyaient avoir la raison pour leur guide,
J'avais honte pour eux d'un système si vide,
Sans daigner réfuter de si faibles raisons.
Ne remarque-t-on pas deux aimables vallons
Qui vont se réunir dans l'endroit du passage,
Où j'attends les bisets avec tout mon cordage ?
N'ai-je pas ce qu'il faut, soit trépied, soit chatard,
Pour les prendre par force et non point par hasard ?

Derrière mes filets, une chute charmante
N'annonce-t-elle pas une prise abondante ?
Donc, si je ne prends rien, il faut que les démons
Sortent tous de l'enfer régner dans ces vallons....
Je raisonnais ainsi sans être philosophe,
Et je n'ai jamais craint la moindre catastrophe.
Sans craindre le public qui s'est moqué de moi,
De me moquer de lui je me fais une loi ;
Je prends tout au rebours, quand le public décide ;
Bien aveugle est celui qui le prend pour son guide.
Sans être aussi rusé que les plus fins renards,
Je parviens à mon but avec mes montagnards ;
Sans craindre l'infamie et sans chercher la gloire,
Je loue mon caprice et je chante victoire....

Adieu donc, cochevis ! Adieu, chers ortolans !
Je vous renie enfin, après trente-deux ans.... (2)
Mets exquis, chants joyeux, il n'est rien qui me touche,
— On ne voit pas un aigle attaquer une mouche ; —
De vous faire ma cour, je me fis un bonheur,
Mais je ne serai plus votre humble serviteur.

J'aime mieux mille fois mon fantôme effroyable,
Fût-il encor plus laid, fût-il même un vrai diable ;
Il chasse les bisets par son terrible aspect,
Chaque espèce d'oiseaux a pour lui du respect ;
Quoiqu'il soit sans esprit, sans raison, sans parole,
Il est pourtant agile et sait jouer son rôle ;
S'il passe des bisets, on le voit toujours prêt
A les bien détourner et conduire au filet.
Mais j'admire surtout l'air dont il les menace,
Pour les mieux renvoyer vers l'endroit de ma chasse ;
L'étendard à la main, il leur fait une loi
De suivre la colline et de venir à moi ;

Il a plus de talent qu'on ne saurait comprendre,
Pour chasser les bisets et me les faire prendre.
S'il les détourne trop avec son étendard,
On les voit repoussés par un autre chatard.
Par cette invention facile et non commune,
Aux pieds de mon géant j'établis ma fortune :
Un fantôme remplit mon filet, mon désir ;
Sans connaître la joie, il sait me réjouir.

Accourez, chers amis, louez mon industrie,
Profitez des effets de ma sage folie,
Et goûtez à loisir si mon système est bon,
En mangeant des bisets rôtis, sur le gazon.
Accourez, curieux, apprenez, incrédules,
Que je ne forme point des projets ridicules ;
Sachez qu'il vous sied mal d'être ainsi prévenus,
Pour décider des faits qui vous sont inconnus,
Et que tout savetier, qui forme une censure,
Doit toujours se fixer à la seule chaussure.
Si l'Etre Souverain m'a fait naître oiseleur,
Chacun, en fait d'oiseaux, sera-t-il mon censeur ?
Et, sans blesser ici l'équité, la droiture,
Ne dois-je pas plutôt censurer la censure ?
Pourra-t-on m'accuser de faire le gascon,
Si je veux que chacun prenne de moi leçon ?
Ou faudra-t-il encor que je demande grâce,
Après qu'on aura vu le succès de ma chasse ?

Mais, on dit que je suis un peu trop prévenu,
Que, n'ayant pour tout bien qu'un faible revenu
Pour supporter les frais de ma folle chimère,
On me verra mourir de faim et de misère ;
Qu'on ne saurait former un projet plus fatal,
Que j'ai pris le chemin qui mène à l'hôpital,

Que, pendant onze mois, je dois être bien sobre,
Pour manger des bisets pendant le mois d'octobre.
On me blâme, on me plaint... Voit-on sur mon minois
Que chez moi l'embonpoint est réduit aux abois ?
A-t-on jamais trouvé, sur la terre ou sur l'onde,
Un secret pour agir au gré de tout le monde ?
L'un veut blanc, l'autre noir, on n'est jamais d'accord.
Je veux, pour un moment, supposer que j'ai tort :
S'il me plait de jeter au vent mon nécessaire,
De quoi se mêle-t-on ? N'est-ce pas mon affaire ?
Chacun craint ma dépense, et je ne la crains pas ;
On ne me verra point plus maigre, ni plus gras.
Dix hommes — convenons que le cas est bien grave —
Vident, et mon grenier, et ma bourse, et ma cave ;
Le proverbe paysan s'oppose à mon chagrin :
Dominus vobiscum n'est jamais mort de faim ;
Dans le champ du pasteur, s'il ne pleut, il arrose.
Ma consolation est une étrange chose :
La perte est un profit, la mort même est un bien
Qui fournit au pasteur un honnête entretien ;
On meurt, alors je vis ; on pleure, alors je chante ;
J'accomplis par mon chant un destin qui m'enchante ;
Je brave les efforts des plus cruels jaloux
Qui voudraient me priver des plaisirs les plus doux.
Il est vrai que souvent je chante sans envie,
Mais, que faire ? En chantant, je dois gagner ma vie.
Or, que le ton soit gai, qu'il soit lugubre et noir,
J'attrape de quoi vivre en faisant mon devoir.
Dût-il donc, pour chasser, m'en coûter davantage,
Je veux persévérer ; c'est le propre d'un sage.
Ces frais seront un jour le moindre de mes maux,
Si je paye mes gens du fruit de leurs travaux.
Enfin, pour réparer cette ruineuse affaire,
Je veux faire un trépied d'un triple décimaire. (3)
Content d'en avoir neuf, j'espère en avoir dix,

Et le dixième seul des neuf rendra le prix.
Le public regardait les trois d'expérience
Comme un point qui semblait passer toute science.
— Quel absurde principe ? Est-on toujours enfant ?
— Est-ce un vice, un défaut, d'être persévérant ?
Faut-il donc réformer la loi de l'Evangile,
Qui dit : Persévérer est le seul point utile ?
— Mes acteurs ont chassé trois ans presque sans fruit.
— Ne faut-il pas apprendre avant que d'être instruit ?
Mais, puisqu'ils sont venus trois ans à mon école,
Peuvent-ils, maintenant, que bien jouer leur rôle ?
N'est-ce pas en forgeant qu'on devient forgeron,
Qu'en chassant, de chasser on apprend la façon ?

J'entends dire à quelqu'un qu'il faut être bien âne,
Pour citer l'Evangile en matière profane :
— Il faut persévérer... En quoi? Comment? En bien.
— Mes fantômes, trépieds, chasse, oiseaux, ce n'est rien !
— As-tu donc quelque droit à quelque privilége,
Pour profaner le saint sans être sacrilége ?
Est-ce ainsi que tu sais parler à tes brebis,
Et par de tels discours faire des pots-pourris ?
Ne rougiras-tu point de ton extravagance ?
Ah ! ne profane plus ce mot : Persévérance.
C'est le souverain bien, c'est le parfait bonheur ;
Tu t'en sers pour railler, cela me fait horreur.
On te voit dépenser bien sacré, bien d'église,
Pour faire réussir la plus folle entreprise,
Tu veux persévérer au mépris du bon sens...
Il faut au séminaire envoyer telles gens.

— Censeur, grâce, un moment; je veux bien te répondre,
Et, ce que tu ne crois, d'un seul mot te confondre ;
Je veux, sans m'irriter et sans craindre ton fiel,
Te prouver que ma chasse est un bien pour le ciel :

Si j'accepte un chasseur qui n'a ni pain ni miche,
D'abord, sur un trépied, ce pauvre devient riche;
Il trouve son salaire avec son entretien ;
Et de là je conclus que ma chasse est un bien.
Si c'est un bien réel, de quoi peut-on se plaindre ?
S'est-on imaginé qu'on peut me faire craindre
De me rendre coupable en transgressant la loi
Qui veut que de mon bien je fasse un saint emploi ?
Vain scrupule! On a beau plaindre ma destinée ;
L'avarice chez moi n'aura jamais d'entrée.
Entasse qui voudra des écus, des louis ;
Mes yeux de leur éclat ne sont point éblouis.
— Mais faut-il pour chasser qu'un homme soit prodigue?
— C'est là mon goût, mon jeu, mon plaisir, mon intrigue.
Des tenaces pasteurs le système odieux,
Et choque ma raison et me crève les yeux.
L'un, sans rien dépenser, craint toujours la dépense,
L'autre, aux dépens d'autrui, cherche à remplir sa panse ;
Celui-ci, peu discret, emprunte sans payer;
Celui-là ne doit rien ; rien ne peut l'effrayer.
Ce dernier sort me plaît, c'est le mien, je l'admire ;
C'est ce qui fait que j'ose et me chanter et rire.
L'avare et l'indiscret m'ont toujours fait horreur ;
Je n'ai qu'un peu de bien, je veux m'en faire honneur.

On dira quelque jour : Qu'il est beau, qu'il est rare
De trouver un pasteur qui, bien loin d'être avare,
En homme généreux fait rouler son argent,
Pour réjouir le riche et nourrir l'indigent.
Dira-t-on que mes vers n'ont rien de poétique,
Que mon style est rampant, simple, plat, prosaïque ?
J'en conviens... L'autre jour, au bas de l'Hélicon,
Je trouvai sous mes pieds des crottes d'Apollon ;
Cela me fit plaisir, je crus devoir les prendre,
Puisqu'il ne fallait point les payer ni les rendre.

Lorsqu'à chanter plus haut je veux m'évertuer,
Je fais jurer Phœbus et Pégase ruer.
Faisant ce que je puis, disant que tout coup vaille,
Je contente mon goût par ma fade rimaille.
L'ampoule me déplaît, j'aime mieux être plat,
Que d'entendre crier : Ce rimeur est un fat.
Loin de vouloir forger quelque fine épigramme,
Je veux que tous mes vers ne soient qu'un corps sans âme.
Que Dorat ou Voltaire en fassent de meilleurs ;
Sans en être jaloux, je me ris des censeurs.
Qu'ils déchargent sur moi tout le fiel de leur langue,
Tel venin me déplaît bien moins qu'une harangue.
On ne trouve pas bon que je sois oiseleur,
Peu m'importe... Est-ce un mal ou bien un deshonneur ?
Ne voit-on que des gens, rampant dans la poussière,
S'amuser à jeter un plan de palombière ?
Ne sont-ce pas plutôt les marquis, les barons,
Qui voudraient dans leur terre avoir tous des vallons,
Pour former, s'ils pouvaient, une chasse semblable,
Et, par là, garnir mieux et leur bourse et leur table ?
Qu'on le trouve fort bon, qu'on le trouve mauvais,
Qu'on me fasse la guerre ou qu'on me laisse en paix,
Qu'on crie que ma chasse est loin des Pyrénées,
Qu'ainsi chacun a droit de fronder mes idées,
Que j'attends sans raison un plus heureux succès,
Que, contre mes oiseaux, je perdrai mon procès ;
Qu'on dise que je dois parler, écrire en prose,
Que c'est même une loi que mon état m'impose,
Que je dois composer sur un plus grave ton,
Qu'en vain je veux prétendre aux faveurs d'Apollon,
Qu'on ne voit dans mes vers ni cadence ni rime,
Ou, du moins, qu'à chacun il manque un coup de lime ;
Je veux être une fois bon ou mauvais rimeur,
Je suis né, je veux vivre et mourir oiseleur.

On a voulu gager, nonobstant mes fantômes,
Que je ne prendrais pas cent bisets ou palommes ;
Contre le sentiment de tout le genre humain,
En moins de quinze jours j'ai cent écus de gain.
Il fallut, l'an dernier, payer l'apprentissage :
Les rigueurs du beau temps et le peu de passage,
D'un novice chasseur le coup mal entendu, (4)
Tout fit que, sans rasoir, on me vit bien tondu.
Mais, tandis qu'on attend ma totale ruine,
Et qu'on croit déjà voir bien froide ma cuisine,
Sur le haut des trépieds je vois tous mes chasseurs
Chanter, manger et boire aux dépens des joueurs.
Un second, qui jamais ne se mouche à la manche,
Au refus du premier, m'a donné la revanche.
Mon joueur triomphant ne triomphera plus ;
S'il eût osé jouer, il serait bien camus.
Trois autres, animés d'un espoir trop funeste,
Croyant me ruiner, m'ont fait gagner le reste.
Lorsqu'ils me préparaient les plus terribles coups,
Les oiseaux m'ont sauvé de la dent de ces loups.
Quand je trame un dessein, il n'est rien qui me trouble ;
J'avais perdu cent francs, j'en ai gagné le double
Et cent livres de plus, pour payer mes chasseurs...
Tel bouquet est plus beau que les plus belles fleurs.

Qu'on dise maintenant que je suis ridicule
De jouer mon argent, ma montre et ma pendule,
Qu'on m'appelle partout, fou, prodigue, entêté ;
Je sais quelle heure il est, et je suis bien monté.
Je n'avais ni cheval, ni mulet, ni carrosse,
Mais, pour tout équipage, une petite rosse,
Qui, ne sachant marcher, trottant presque toujours,
Par le plus rude train raccourcissait mes jours.
Lorsque les chers bisets sont venus à mon aide,
A ce train fatiguant un train plus doux succède ;

De l'argent du pari j'achète un bon cheval,
Qui me monte aussi bien que j'étais monté mal.
Pour avoir eu mon chef aussi dur qu'une enclume,
On me voit bien monté sur un cheval de plume ;
Et, ce qui met le comble à mon contentement,
C'est que du vieux Pégase il est proche parent.

Qu'on me taxe à présent de léger, de frivole,
Que le jaloux, s'il veut, ou crève, ou me contrôle,
Qu'on admire le sort de l'homme ambitieux,
Qui descend aux enfers, qui vole jusqu'aux cieux,
Qui traverse les mers, qui va d'un pôle à l'autre
Comme faisait jadis saint Paul, le grand apôtre,
Qui cherche et qui ne trouve un gracieux séjour,
Qui ne dort pas la nuit beaucoup plus que le jour ;
Plus content, plus tranquille, assis sur la verdure,
J'attends à tout moment quelque bonne aventure ;
Sans voyager sur terre et sans voguer sur mer,
Je cherche mon plaisir, non des châteaux en l'air.

NOTES DE L'AUTEUR

— (1) p. 10.

Un chatard à pied qui détourne les bisets.

On appelle chatard (en béarnais, *ahoadou*) l'homme qui crie :
ahoa ! pour faire peur aux bisets dans leur vol élevé.

— (2) p. 15

Adieu donc, cochevis ! Adieu, chers ortolans !
Je vous renie enfin, après trente-deux ans.

J'ai fait la chasse avec fruit pendant tout ce temps.

— (3) p. 17.

Je veux faire un trépied d'un triple décimaire.

Je plaide contre deux curés dont les paroisses forment avec la
mienne une espèce de triangle ou de trépied. Si je gagne mon
procès, comme tous les avocats l'ont décidé, ce trépied me rendra de quoi payer les autres.

— (4) p. 21.

D'un novice chasseur le coup mal entendu.

Ce novice me fit manquer cinquante bisets d'un coup de filet.